TACHYGRAPHIE

Fondée sur les principes du Langage, de la Grammaire, et de la Géométrie,

PRÉSENTÉE

A NAPOLÉON BONAPARTE,

PREMIER CONSUL DE LA RÉPUBLIQUE FRANÇAISE.

PAR

JEAN FÉLICITÉ COULON-THÉVENOT.

V. 1776.
10.

Prix 10 francs.

A PARIS,

Chez l'AUTEUR, rue Saint-Guillaume, au coin de celle des Saints-Pères, faubourg Saint-Germain, n°. 997.

AN X. — 1802.

A NAPOLÉON BONAPARTE,

PREMIER CONSUL.

GÉNÉRAL-CONSUL,

Auguste, après avoir donné la paix à l'Empire romain, protégea les sciences et les arts. La Tachygraphie fut perfectionnée sous son règne; il ne dédaigna pas, dit l'histoire, de s'en occuper.

De même qu'Auguste, après vous être signalé par les victoires les plus éclatantes, vous avez fermé le temple de Janus, donné la paix à ma patrie, rappelé la religion et les mœurs, cicatrisé toutes les plaies, et des jours heureux ont succédé aux calamités que la révolution et l'anarchie avaient enfantées.

Comme Auguste, vous daignerez jeter un œil de bienveillance sur la Tachygraphie, et vous accueillerez cet ouvrage, que je prends la liberté de vous offrir. Je suis le premier français qui ai présenté une méthode raisonnée d'écrire aussi vîte que l'on parle ; mais telle rapide que puisse être ma plume, elle ne pourra jamais suivre le récit de vos exploits, ni celui des innombrables bienfaits dont la France vous est chaque jour redevable.

Agréez, GÉNÉRAL - CONSUL, l'hommage de mon profond respect.

COULON-THÉVENOT,

ci-devant Secrétaire en chef de l'armée, en 1792.

PRÉFACE.

LE rapport des Commissaires de l'Académie des sciences de Paris, inséré dans son histoire, année 1787, fait connaître dans le plus grand détail les véritables principes de l'art d'écrire avec célérité. Il est impossible de les établir d'une manière plus exacte et plus lumineuse. Il appartenait à la plus savante société de l'Europe de poser les limites d'une écriture qui, depuis les Grecs et les Romains jusqu'aux Anglais, n'avait connu d'autres règles que l'arbitraire et le caprice dans la signification des signes.

Établir les combinaisons d'une tachygraphie sur les élémens du langage et les signes qui doivent la constituer sur la géométrie, était une tentative qu'on n'avait osé faire. En effet, si on examine les meilleurs systêmes d'écrire aussi vîte que l'on parle, qui ont été publiés jusqu'à ce jour, on verra que ces deux points ont été sacrifiés, et que, sous le spécieux prétexte d'une plus grande rapidité, on a supprimé les voyelles et fondu les caractères les uns dans les autres, pour en former des monogrammes.

Les auteurs de ces méthodes ont plus compté sur l'intelligence et la mémoire de ceux qui s'y livraient, que sur l'excellence de leurs moyens. Ils n'ignoraient pas les difficultés que devait présenter ce genre d'écrire, les équivoques qu'il offrait à chaque mot ; aussi on ne doit pas être étonné si la tachygraphie, malgré son utilité, a fait si peu de progrès : certes rien de plus décourageant pour celui qui a passé des années entières à s'exercer, d'être encore obligé de perdre un tems considérable, à déchiffrer quelques lignes, de se fatiguer les yeux à disséquer des signes que dans la rapidité de l'exécution on a souvent altérés.

C'est en vain que des esprits plus brillans que solides ont cherché à défendre la suppression des voyelles, la raison et l'expérience démontrent la futilité d'un pareil systême. Si la langue anglaise peut s'en accommoder, il n'en peut être de même de la langue française ; la multitude de voyelles et de diphtongues dont elle est surchargée ne permet pas de les omettre.

Je conviens que la rapidité de la parole est telle que les moyens les plus courts ne peuvent être trop employés ; qu'on a tout le tems de lire, et qu'on n'a pas toujours celui d'écrire. Je conviens encore que dans la conversation, les sons sont presque toujours élidés, et que l'oreille a peine à les suivre.

Mais, par rapport à cette rapidité, est-il indispensable d'établir une écriture plus inintelligible que la parole ? Si je n'entends pas la personne qui me parle, si je ne comprends pas ce qu'elle dit, je puis la faire répéter ou expliquer : des signes peuvent-ils m'offrir le même avantage, s'ils sont énigmatiques, et si à l'arbitraire se joint encore leur déformation ? Quel moyen me restera-t-il pour éclaircir mes doutes ? irai-je trouver l'auteur du discours que j'aurai écrit ? celui-ci, après l'avoir improvisé, se ressouviendra-t-il de ses expressions ?

On pourrait admettre le système opposé de n'écrire que les voyelles : il n'y a pas plus de raison de les employer exclusivement plutôt que les consonnes ; et s'il est vrai que des jeunes gens d'un prétendu bon ton ont établi un langage où les voyelles se font seulement entendre, comment les tachygraphes anglais s'y prendront-ils pour écrire leurs orateurs ?

N'admettons dans une tachygraphie que ce qui est conforme au bon sens, et rejetons toute écriture, malgré sa brièveté, s'il est démontré qu'elle ne peut qu'altérer le langage, et en rendre la lecture pénible.

Si la suppression des voyelles ne peut avoir lieu sans inconvénient, cette prétention de supprimer tous les mouvemens insignifians, et de représenter de longs mots par un seul caractère, est également dangereuse.

S'il existait assez de lignes simples et caractéristiques dont la réunion pût se faire sans altération, j'admettrais volontiers le système des ligatures ; mais, lorsqu'on ne peut en obtenir qu'un petit nombre, qui suffisent à peine pour désigner les consonnes, il faut bien renoncer à une liaison plus avantageuse en idée qu'en réalité.

Je dis plus avantageuse en idée qu'en réalité, car l'expérience m'a convaincu de cette vérité, énoncée par les Commissaires de l'académie, qu'on avait plutôt fait d'écrire quatre ou cinq caractères auxquels la main était plus habituée, qu'un point qui en représenterait l'assemblage, s'il exigeait le plus léger effort de mémoire ou d'attention pour le tracer. Or, tous ceux qui cultivent la tachygraphie conviennent que ce n'est jamais la main qui est en retard, mais la présence du signe.

C'est parce que la tachygraphie des Romains n'était composée que de signes monogrammatiques, que la connaissance s'en est perdue : ses équivoques en firent défendre l'usage. Justinien, par sa loi *Tanta nos*, déclara faussaires ceux qui s'en serviraient en matières judiciaires : des réclamations, des procédures même étaient nées des abus qu'on faisait de cet art, par l'interprétation qu'on pouvait donner à tel ou tel signe. Les anciens ouvrages écrits en tachygraphie, et dont quelques-uns se trouvent à la bibliothèque nationale, attestent cette vérité ; quelques fragmens de plusieurs, après des peines infinies, ont pu être déchiffrés ; mais le surplus est resté comme non-avenu, malgré les efforts des plus célèbres génies des divers siècles, la courageuse patience et la persévérance de ces religieux solitaires,

taires, qui s'étaient en quelque sorte dévoués à ce travail.

Cependant ces manuscrits renferment des faits importans, des observations utiles ; ils donneraient, si on pouvait les traduire, des lumières sur l'histoire, les sciences et les arts des tems les plus reculés ; mais les signes, les monogrames, les abréviations dont ils sont surchargés, les rendent inintelligibles : on a été contraint de les abandonner.

La tachygraphie des Anglais vient encore confirmer combien l'inconvénient des ligatures l'emporte sur les avantages qu'elles procurent : depuis plus de deux siècles qu'ils en font usage, on auroit lieu de présumer qu'ils ont porté cet art à sa dernière perfection ; mais les changemens qu'ils n'ont cessé et ne cessent encore d'y faire, prouvent assez qu'ils sont peu satisfaits de leurs méthodes : chaque année, pour ainsi dire, il en paraît une nouvelle, sans qu'ils soient encore parvenus à en rendre l'apprentissage plus facile et la lecture moins pénible.

L'impossibilité de former pour tous les mots des liaisons tellement distinctes, que jamais on ne pû confondre les signes qui se trouveraient réunis, m'étant matériellement démontré, j'ai dû chercher une autre base, et c'est la parole même qui me l'a fournie.

En écoutant un orateur, on s'aperçoit facilement que s'il détache tous les mots d'une phrase, il marque aussi

B

les syllabes de chaque mot. Le mot *commencement* ne
peut se prononcer d'une seule émission de voix, mais
bien en quatre tems.

Il faut un tems quelconque pour prononcer une
syllabe, telle brève qu'elle puisse être.

La main peut, dans le même espace de tems, représenter par un mouvement cette syllabe.

Ce mouvement peut être figuré avec la plume sur le
papier.

Si l'on peut créer autant de traits simples qu'il y a
de syllabes, rien n'empêchera la main de les tracer en
même tems que ces syllabes seront prononcées.

Si j'écris chaque syllabe détachée aussi vîte qu'on la
prononce, je pourrais de même écrire des mots, des
phrases, tout un discours, parce que ces mots, ces
phrases, et ce discours ne sont que des réunions de
syllabes.

Si l'on m'objectait que la main, en détachant les
signes, doit se trouver en retard, parce que le passage
d'une syllabe à une autre est si rapide que cette interruption ne se fait point sentir, je répondrais que
la main est pour le moins aussi rapide dans ses mouvemens que la voix dans ses transitions ; j'en donnerai
pour preuve la supériorité de vîtesse de la musique
instrumentale sur celle vocale.

Cette théorie, sur laquelle j'ai fondé mon système

tachygraphique, paraîtra nouvelle ; je ne crois pas qu'on puisse en contester la justesse, car je ne l'ai établie qu'après des épreuves multipliées. Je n'ai pas adopté une règle, un signe, une combinaison, sans avoir auparavant grifonné des rames de papier, pour savoir si je devais les rejeter ou les conserver.

En m'étendant sur ces détails, mon intention est de faire connaître les motifs qui m'ont guidé dans la composition de cette écriture ; législateur de la tachygraphie, il m'importe de démontrer que ses principes n'ont rien d'arbitraire, et sont fondés sur la nature.

Ainsi l'organe de la parole m'a indiqué ce qui peut être lié sans mouvement insignifiant, et ce qu'on peut détacher sans avoir à craindre de se trouver en retard.

Je devais attacher aux sons les plus simples, les caractères les plus rapides, à ceux d'une plus longue durée, des signes plus composés.

Une syllabe qui se prononce d'une seule émission de voix, est composée d'une consonne et d'une voyelle.

Pour présenter cette syllabe par un seul signe, il fallait que la marque de la consonne et celle de la voyelle se trouvassent naturellement unies sans trait insignifiant.

Le passage du caractère d'une syllabe à celui de la syllabe suivante, doit se faire par le plus court chemin, et la liaison insignifiante qui réunit les deux caractères, peut être tracée ou non tracée sur le papier.

Elle sera tracée, si cette liaison ne confond pas la signification des signes en les altérant ; dans ce dernier cas, elle sera non tracée.

Dès l'instant que j'ai connu la ligne de démarcation des caractères qui devaient indispensablement être liés, de ceux qu'on pouvait détacher, alors, sans renoncer à la ligature, mais sans la rendre d'une nécessité absolue, j'ai pu m'occuper de l'alphabet tachygraphique.

Ce travail m'a le plus coûté ; il serait fastidieux d'entrer à ce sujet dans de plus longs détails ; je dirai seulement que, pour parvenir à d'heureux résultats, j'ai composé plus de vingt méthodes ; que par quatre différentes je suis venu à bout de suivre un orateur ; que dans les changemens que j'ai adoptés, j'ai fait marcher de front la théorie et la pratique, les observations et les calculs. La plus grande partie de ma jeunesse a été employée à apprendre et oublier des caractères. J'ai mis en pratique ce vers de Boileau :

Vingt fois sur le métier remettez votre ouvrage.

L'ennui et le dégoût, inséparables d'un genre d'étude aussi monotonne, n'ont pu me détourner ; j'ai cherché la plus grande perfection de l'art, et je ne me suis arrêté que lorsque les savans, chargés par le gouvernement d'examiner mon travail, ont pensé qu'il était impossible d'aller plus loin sans dépasser le but proposé.

L'accueil que le public a bien voulu faire à cette méthode, le grand nombre d'élèves que j'ai formés, dont plusieurs sont en état de suivre l'orateur le plus volubile, les services qu'elle a rendus et rend encore à ceux qui cultivent la littérature, les sciences et les arts, par l'économie de tems qu'ils en retirent, tout me fait espérer que la tachygraphie deviendra une partie obligée de l'éducation

Nota. Cet ouvrage étant destiné principalement aux personnes qui desirent apprendre ce genre d'écrire, j'ai choisi le format in-4°· comme me permettant de donner plus d'espace à mes exemples. Tous les caractères tachygraphiques sont de ma main ; j'ai préféré les écrire, pour donner tout à-la-fois des modèles de théorie et de pratique.

RAPPORT

Fait au Gouvernement et par son ordre en 1787, par les commissaires nommés par l'Académie des Sciences de Paris sur la tachygraphie de M. Coulon de Thévenot.

ire de l'A-
mie royale
sciences de
, année

MONSIEUR le baron de Breteuil a renvoyé à l'Académie, l'examen d'un mémoire qui lui a été présenté par M. Coulon de Thévenot, sur la tachygraphie, ou sur l'art d'écrire avec célérité.

Les commissaires en avaient fait, le 15 juillet dernier, un rapport contenant des observations, qui ont été communiquées à l'auteur, et qui l'ont déterminé à faire de très-grands changemens dans la méthode qu'il proposait.

Ces changemens que nous avons discutés avec lui, ont amené sa méthode à un degré de perfection qui en permet au moins la comparaison avec les tachygraphies anglaises, qui nous ont été communiquées comme les meilleures. (1) Nous croyons devoir approfondir cet objet, plus que nous ne l'avons fait précédemment.

Tout le monde conviendra de l'utilité d'une mé-

---

(1) Telles que les Méthodes de Macaulay, Biron, Mitchell, etc. que j'avais fait venir de Londres.

thode pour écrire aussi vîte qu'on parle , elle en a dans ses usages publics, pour garantir de l'infidélité inévitable des extraits dans les interrogatoires , les dépositions et les confrontations ; pour rendre un compte exact des discussions intéressantes , où rien ne jette plus de lumière que les mots échappés dans la chaleur du discours ; pour ne rien perdre des leçons , des exhortations , des plaidoyers , des harangues qui ne doivent point être imprimées , etc.

Elle en a dans ses usages particuliers, pour épargner le tems de tous ceux qui ont beaucoup de minutes à faire ou à dicter. Que de choses n'oublie-t-on pas, parce qu'on a négligé de les écrire! et combien n'en écrirait-on pas, si on ne redoutait la perte du tems nécessaire pour les fixer sur le papier! Combien la chaleur de la composition n'est-elle pas ralentie par la nécessité d'attendre, pour écrire la pensée dont on est occupé , que celle qui a précédé soit transcrite! On ne pense peut-être nettement et avec suite, que parce qu'on parle en soi-même ce que l'on pense : ne s'y trouverait-il pas encore plus d'ordre et de netteté, si par un effet de l'habitude on l'écrivait en soi-même? la mémoire n'en serait-elle pas plus profondément pénétrée ?

Enfin, ce n'est pas de l'utilité de cet art dont on sera porté à douter, c'est de la possibilité d'en rendre l'apprentissage et l'exercice faciles.

L'usage que les Anglais font de leur *short hand* ou de leur *courte écriture* , prouve qu'on peut écrire aussi vîte qu'on parle; mais le petit nombre de ceux qui y réussissent parmi eux, porterait à penser que les longues années d'étude et d'exercice qu'ils y consacrent sont nécessaires : cependant, quelques réflexions peuvent tenir en garde contre ce préjugé.

Toutes les méthodes pratiquées de courte écriture, ou de *short hand*, jusqu'à celle de Byrom, publiée en 1767, ne sont que des chiffres composés presqu'au hasard, qui n'occupent moins de place sur le papier et n'exigent moins de mouvemens de la main, que parce qu'il faut des efforts prodigieux de mémoire pour en avoir à tout instant la forme et la signification présente à l'esprit. Tel était le vice des *notes tironiennes* dont les Romains ont fait usage dès le tems de Cicéron; on le retrouve dans les méthodes publiées par Macaulay en 1747, par Mitchell en 1784, sans parler de celles du chevalier de Ramsai et de l'abbé Cossard, qui n'ont pas eu de nombreux partisans. Byrom lui-même, homme de sens, mais qui n'a composé sa méthode qu'après avoir étudié celles en usage, n'a pu se garantir de ce défaut : il supprime généralement toutes les voyelles, et ne les remplace que dans un très-petit nombre de cas, par un point, à différente hauteur; mais comme cinq degrés de hauteurs différentes ne sont déja que trop difficiles à distinguer sur celle du caractère, il n'admet que cinq voyelles, quoiqu'il convienne qu'il en existe beaucoup davantage ; son écriture suppose donc un déchiffrement

continuel

continuel à faire, et n'offre pas un moyen de peindre complettement le langage. (1.)

Il paraît cependant possible, à la rigueur, de tout écrire et d'atteindre la vélocité de la parole; car l'expérience fait voir qu'il faut au moins une minute pour prononcer intelligiblement un discours qui emploierait onze à douze cents lettres de notre alphabet, et que ceux qui ont de l'habitude peuvent l'écrire sans omission en écriture ordinaire, en quatre fois à-peu-près ce même tems : or, on trouve par observation qu'on peut réduire le nombre de mouvemens des doigts nécessaire pour peindre exactement ce discours, au quart à-peu-près de ce qu'en exige l'état actuel de notre alphabet et de notre orthographe. On peut ajouter, pour rendre cette probabilité plus sensible, que la flexibilité des organes de la voix n'est pas comparable à celle des doigts de la main, comme le prouve la différence entre la rapidité de l'exécution de la musique instrumentale et celle de la musique vocale.

Le premier pas à faire pour créer une méthode de tachygraphie, est donc de chercher l'écriture la plus simple, qui puisse servir à peindre un discours sans y rien omettre. Les élémens de cette écriture ne

---

(1) Ceci peut s'appliquer à la méthode attribuée à Taylor, laquelle est absolument la même que celle de Byrom : caractères, combinaisons, suppressions des voyelles, abréviations; tout prouve que Taylor n'en fut jamais l'inventeur, comme l'a faussement avancé son traducteur.

C

pourront pas surcharger la mémoire : on ne la dé-
chifrera pas, on la lira ; et les abréviations qu'on y
introduira comme des moyens subsidiaires, complet-
tant la méthode sans en devenir le fondement, et
pouvant être choisies ou imaginées, selon le besoin,
par ceux même qui l'adopteront, n'ajouteront rien
à la difficulté de l'apprendre.

Nous allons nous occuper des conditions requises
pour cette écriture la plus simple.

1°. Il faut que l'alphabet ou les signes radicaux n'y
exigent que le moins possible de mouvemens de la
plume, en comptant ceux dont il ne reste point de
traces sur le papier.

2°. Il faut que les signes les plus simples et les plus
faciles à tracer soient ceux des sons employés le
plus fréquemment dans le langage ; ainsi, la meilleure tachygraphie dans une langue ne peut pas
l'être dans une autre.

3°. Il faut établir entre les signes des analogies,
quand il s'en trouve entre les sons ; car l'erreur ou
la négligence dans la figure du signe, influera d'autant moins sur la lecture du discours; des modifications ou des dispositions qui n'alongeront pas
sensiblement le tems qu'il faut pour les tracer, suf-
firont pour les distinguer entr'eux, et le nombre de
signes simples nécessaire pour completter l'alphabet,
en sera d'autant moindre.

4°. Il faut que l'orthographe y soit conforme à la
prononciation ; cette seule condition réduit au moins

d'un quart le nombre des caractères nécessaires pour écrire un discours en langue française.

5°. Il faut que chaque lettre puisse se lier à toutes avec le moins de mouvement possible, et que celles dont la réunion est la plus fréquente et se prononce le plus rapidement, offre la facilité et la brièveté la plus grande dans leur liaison. Il faut donc que la ligature immédiate soit le plus souvent employée, et que les mouvemens insignifians de la plume, tracés ou non tracés sur le papier, interviennent le plus rarement, et soient le plus court qu'il se pourra.

6°. Il faut qu'aucun résultat de la combinaison des signes ne ressemble ni à l'un des signes, ni à un autre résultat de leur combinaison. Il faut même que la ressemblance soit assez éloignée pour que leur distinction ne suppose qu'une habileté commune dans l'écrivain ; qu'elle n'exige pas qu'on ne trace point les mouvemens insignifians de la plume, et qu'il ne faille même aucune adresse de la main pour faire reconnaître ces mouvemens.

7°. Il faut que dans cette écriture, les formes ne fatiguent ni la main, ni la vue ; qu'il soit facile d'y écrire droit et de minuter très-fin ; y éviter les angles, les sauts brusques de la main, les retours de la droite à la gauche, enfin tout ce qui peut être pénible sans nécessité.

8°. Il faut tirer parti des préparations préliminaires qui peuvent économiser le tems dans tout ce qui concerne la plume et le papier, en évitant

cependant de rendre indispensable l'attirail particulier qu'on peut imaginer dans cette vue.

9°. Enfin, les abréviations de cette courte écriture
ne doivent point y introduire de caractères nouveaux, si ce n'est peut-être celui qui indiquerait
qu'il y a abréviation ; car on ne doit jamais perdre
de vue qu'on aura plutôt assemblé cinq ou six caractères, dont l'habitude dispense de toute réflexion,
qu'on n'aurait tracé le caractère unique, destiné à
remplacer cet assemblage, s'il exigeait le plus léger
effort de mémoire et d'attention. Si le systéme d'é-
criture est bon, la meilleure et la plus courte abréviation d'un mot ou d'une façon de parler, résultera
du choix du petit nombre de lettres qui puisse en
caractériser individuellement les principaux sons.

Entrons dans quelques détails sur les moyens gé-
néraux de satisfaire à ces conditions.

Les préparations essentielles paraissent être :

1°. De dresser une table de tous les sons radicaux
dont la langue est composée, c'est-à-dire, d'en
former le véritable alphabet.

2°. De déterminer l'ordre de fréquence des différens sons, ce qui suppose un dénombrement exact
de chacun d'eux, pris sur un discours assez long
pour être sûr d'obtenir les mêmes rapports appro-
chés, en répétant l'énumération sur un autre discours
de pareille étendue.

3°. D'en faire autant pour chacune des combinaisons de toutes les lettres du véritable alphabet,

prises deux à deux dans les mots ; ou du moins de déduire par estime ce dernier calcul du précédent, en faisant usage de quelques considérations générales.

4°. Enfin, de faire un tableau de tous les signes les plus simples, et des modifications et dispositions qui peuvent en faire varier le sens sans alonger sensiblement le tems nécessaire pour les tracer, afin d'y choisir les lettres d'après les considérations précédentes.

Le véritable alphabet de la langue française est composé au moins de vingt voyelles et de dix-neuf consonnes.

Une voyelle désignant une émission de la voix qui peut se prolonger, les sons vocaux dans les monosyllabes

la,   las, lent ;   tout, doux ;
mai, mais, main ;   né,   née ;
sot, seau, son ;   fil,   file ;
de, deux, d'un ;   bulle, brûle ;

exigent donc autant de voyelles différentes ; mais elles peuvent être distinguées en huit classes, en comprenant dans chacune celle dont le son est aigu, et son analogue, dont le son est grave, et ajoutant de plus dans les premières la voyelle nazale qui leur correspond ; il ne faut donc que huit signes radicaux pour ces vingt voyelles.

Les organes de la prononciation étant les lèvres,

la base de la langue, son extrémité et les dents, les consonnes se trouveraient naturellement partagées en différentes classes, selon la plus grande influence de chacun de ces organes dans leur prononciation. Mais leur action se trouve assez compliquée dans quelques consonnes pour rendre cette division arbitraire à l'égard de ceux - ci ; ainsi la principale réduction du nombre des signes radicaux nécessaire pour exprimer toutes les consonnes, résultera de la ressemblance entre les consonnes dures et leurs analogues faibles, comme *pe* et *be*, *fe* et *ve*, *ke* et *gue*, *te* et *de*, *se* et *ze*, *che* et *je*, qui peuvent être distinguées l'une de l'autre dans l'écriture, par l'altération ou la modification la plus légère du signe, sans que l'équivoque, à la lecture, soit jamais à craindre.

Quant aux autres consonnes, telles que *me*, qui se prononce des lèvres, comme *pe* et *be*, le son de l'*h* aspirée, les sons *gne* et *ne*, ceux *re*, *le*, et *lle* ou le son mouillé, on peut prendre un parti plus ou moins arbitraire. Mais on voit enfin que les dix-neuf consonnes peuvent n'exiger que huit ou neuf signes radicaux, sans que l'équivoque, à la lecture, soit à craindre ; mais que les altérations ou modifications qui serviront à les distinguer, devront être plus ou moins sensibles.

Examinons maintenant le dénombrement des caractères simples qui peuvent servir à désigner les lettres de cette alphabet. Le plus simple est la ligne droite , et elle peut être horizontale ou verticale , et inclinée à droite ou à gauche. En introduisant la distinction en usage , du corps de l'écriture , de sa partie supérieure et de sa partie inférieure , on aura trois positions différentes pour chacun de ces quatre signes. Ils peuvent ensuite être chacun commencés ou terminés par un arrondissement tourné dans un sens ou dans le sens opposé. Ces arrondissemens peuvent être encore d'une étendue double , et dans ce cas , ils peuvent de plus être redoublés , c'est-à-dire, comporter une rosette.

Ce seul énoncé offre cent cinquante-six caractères simples , mais à différens degrés , qui ont suffi à M. *Coulon* pour completter l'alphabet, et parmi lesquels il a choisi ceux qui se prêtaient le mieux aux conditions que nous avons énoncées.

Il admet aussi le point , quoique ce signe suppose des mouvemens dont il ne reste point de traces ; mais il ne l'emploie qu'à distinguer , lorsqu'il est nécessaire, les voyelles graves ou longues de leurs analogues aiguës ou brèves.

Nous dirons plus bas un mot des calculs de l'auteur , sur la fréquence des lettres du véritable alphabet, et sur celles de leurs combinaisons dans la langue française.

C'est d'après la considération de tout ce qui précède , que la nouvelle tachygraphie de M. *Coulon* a été combinée.

Deux idées la caractérisent particulièrement.

1°. Celle d'avoir réservé pour les consonnes le prolongemens ou arrondissemens qui commencen le signe, et pour les voyelles, ceux qui les terminent; de façon que les consonnes puissent toujours se lier dans un même caractère aux voyelle qui suivent immédiatement, sans détour de la plume et sans aucun mouvement insignifiant.

11°. Celle de supposer toujours les mouvemens insignifians tracés en effet sur le papier, afin de n'admettre aucun signe qui puisse se confondre avec aucune combinaison de cette ligature aux autres signes. Cette attention particulière a donné à son écriture l'avantage de n'exiger qu'une habitude commune dans l'écrivain, et de ne fatiguer ni la main ni la vue. La plupart des tachygraphes anglais au contraire qui ont eu la prétention de supprimer entièrement les mouvemens insigifians dans l'intérieur des mots, ont été conduits à des formes anguleuses, et à s'écarter trop et trop souvent du corps de l'écriture.

Nous mettons sous les yeux de l'Académie, une table où l'on trouve tous les caractères de M. *Coulon* et toutes leurs combinaisons deux à deux. On y verra que pour apprendre sa tachygraphie, il n'est question que de retenir une vingtaine de signes radicaux, dout la liaison dépend d'une loi uniforme.

Nous y joignons la table de cent cinquante-six caractères simples, parmi lesquels il a choisi ceux de son alphabet. On y remarquera facilement les raisons qui

qui l'ont déterminé dans ses exclusions ainsi que dans son choix.

Son tableau des rapports de fréquence des lettres du véritable alphabet dans la langue française, ne nous a pas paru suffisamment exact. Mais le tact qu'il a dû acquérir sur ce point pendant les dix ans qu'il a employés à s'exercer sur les différentes tachy-graphies, qu'il a successivement tentées depuis 1776, où il présenta la première à l'Académie, a dû suppléer pour lui à l'inexactitude de ce tableau.

M. *Coulon* trouve que, pour écrire un discours par sa méthode actuelle, il faut moins que le quart des mouvemens de la plume nécessaires dans l'écri-ture ordinaire. Il a écrit un discours des deux ma-nières ; et supputant ligne par ligne, le nombre de mouvemens nécessaire dans l'une et dans l'autre, il arrive à ce résultat. Nous ne pouvons cependant garantir ni cette supputation particulière, ni la conclusion qu'on en tirerait sur la rapidité possible de l'exécution, en supposant de part et d'autre un égal degré d'habitude, parce que la facilité des mouvemens doit entrer dans le calcul. Nous dirons seulement que l'avantage de la nouvelle méthode est en effet très - grand.

Il est fâcheux que M. *Coulon* ne puisse pas lever tous les doutes, en écrivant lui-même aussi vîte qu'on parle ; cependant il est équitable d'observer que ses recherches et ses tâtonnemens continuels ont dû lui

en ôter la facilité. Ce n'est que depuis quelques semaines qu'il s'est fixé sur la méthode que renferme
la table dont nous venons de parler, et il est impossible qu'il ait oublié ses anciennes habitudes pour
en prendre une aussi nouvelle. Il sera peut - être
toujours nécessaire de juger sa méthode, plutôt par
l'exécution de ses élèves que par la sienne, et on
pourra le conseiller pour maître, sans le proposer
pour modèle (1).

Nous ne dirons rien ici des idées de M. *Coulon*
sur la nature de la plume et sur la disposition du
papier, les plus propres à la plus prompte expé-
dition.

Nous nous bornerons à conclure que la méthode
renfermée dans la table ci-annexée, nous paraît pré-
férable aux méthodes anglaises qui nous ont été communiquées. Il est difficile d'espérer qu'on en répande
une meilleure et surtout une plus facile à apprendre;
il est probable qu'il s'y formera des élèves capables
d'écrire aussi vite qu'on parle, en employant les
suppressions que l'usage leur aura rendu familières;
et nous croyons qu'elle mérite l'approbation de
l'Académie. Enfin, le constance et l'utilité des tra-

---

(1). J'ai bien vaincu toutes ces difficultés, mais la surdité
dont je suis affligé ne me permet d'écrire les orateurs qu'a-
vec beaucoup de peine. Des élèves m'ont déjà suppléé avan-
tageusement dans cette carrière.

vaux de M. *Coulon* nous paraissent devoir lui mériter la protection du Gouvernement.

Fait au Louvre, ce 27 janvier 1787.

Signé VANDERMONDE, LE ROI, COUSIN.

SECOND RAPPORT

Fait en 1788, au Gouvernement et par son ordre, sur la tachygraphie de M. Coulon de Thévenot.

Persuadés des avantages que les sciences et la société retireraient de l'art d'écrire aussi vîte qu'on parle, plusieurs membres du bureau ont vu avec plaisir, en 1779, que M. *Coulon de Thévenot* s'en était occupé; et ils se sont fait un devoir d'en rendre un compte avantageux au magistrat. Le bureau espérait qu'un art qui se présentait avec tant de titres à la reconnaissance générale, serait favorablement accueilli du public, et surtout des savans; il en a manifesté son opinion dans sa séance publique de novembre 1783, et a témoigné ses regrets de ce que cette tentative n'avait fait qu'éveiller l'attention sans paraître la fixer. Il a soupçonné dès-lors que cette écriture, que l'on pourrait nommer *l'écriture des sciences*, ne serait approuvée des savans, que lorsque les principes en auraient été discutés avec eux. Enfin, craignant que le défaut de cette discussion d'une part, ou de l'autre l'indifférence, ne fissent retomber cet art *utile* dans l'oubli, le bureau se disposait à s'en occuper, lorsqu'il apprit que M. *Coulon de Thévenot* avait, sur l'avis de messieurs de l'Académie royale des sciences, perfectionné tellement sa méthode, que les commissaires de cette savante compagnie ont cru pouvoir employer dans leur rapport ces expressions remarquables : *Les changemens que nous avons discutés avec l'auteur ont amené sa méthode à un degré de perfection, qui en permet au moins la comparaison avec les tachygraphies anglaises qui nous ont été communiquées comme les meilleures.*

Nous n'étendrons pas plus loin nos citations ; c'est dans le rapport même qu'il faut lire les avantages précieux que l'on peut retirer de la tachygraphie, et le développement que ces juges éclairés donnent, par aperçu, des principes de l'art tachygraphique en général, et en particulier, de l'application qu'on en doit faire à la langue française. Nous nous contenterons de dire que nous les avons trouvés si évidens et si lumineux, qu'il nous paraît aussi impossible de ne les pas entendre que de ne les pas admettre, et nous avouons que, s'ils reçoivent quelque degré de perfection, ce ne sera que de l'expérience et du tems, que ne peuvent suppléer les connaissances les plus profondes et les lumières les plus étendues.

Nous estimons donc que le bureau académique d'écriture ne peut que s'honorer en ajoutant son approbation et ses recommandations à celles de cette savante compagnie.

Les observations (concernant les différentes pièces que M. le lieutenant-général de police a renvoyées au bureau) ne concernent qu'indirectement M. *Cou-*

lon de Thévenot, dont les recherches et le travail, pour la perfection d'un art utile, méritent les regards et la protection du Gouvernement.

Fait à la Bibliothèque du Roi, le 3 août, 1788.

Signé CHAVEL, VALLAIN, GUILLAUME, BLIN, OUDART, VERRON, DELILE.

TACHYGRAPHIE.

PREMIÈRE LEÇON.

DE L'ALPHABET.

L'ALPHABET tachygraphique est composé de douze voyelles et de vingt consonnes.

Nº. 1. *Voyelles.*

Simples.	*Nazales.*
e muet ı	un ꝺ
a)	an)
ai ou è ouvert (	in ʕ
é fermé	
i (	
o)	on)
ou ʋ	
u ɕ	

Nº. 2. *Consonnes.*

Faibles.	*Fortes.*
b ɔ	p —
v (	f ⌐

m	t
d	c, k, q
g	ch
j	r
l	gn
n	s
z	ll mouillées
	x
	y
	etc.

Il faut, avant de passer aux leçons suivantes, savoir par cœur les trente-deux caractères qui constituent cet alphabet : comme on ne pourrait apprendre l'arithmétique, si on ne connaissait pas la valeur de chacun des chiffres, de même, on ne pourrait apprendre la tachygraphie, si on ne retenait les signes qui représentent les lettres de l'écriture.

DEUXIÈME LEÇON.

DES VOYELLES ET DIPHTONGUES.

Toutes les fois que les voyelles feront des syllabes, on se servira, pour les représenter, des signes qui sont figurés dans la première leçon N°. 1.

Exemple

N°. 3. *Exemple de mots qui ne sont composés que de voyelles.*

on a

on a eu

où est

où en est

on en a eu

on en a

où est-on

où en est-on.

Par rapport à l'orthographe, les différentes manières d'écrire le même son se réduisent à une seule en tachygraphie.

N°. 4.

ea, oa	se prononceront a
en em, can am, an	an
è est, eai, oi, eoi, ai	ai
en ein, aim, ain, eim, in	in
ai, ayant le son de l'é fermé	é
au eau, eo o,	o
eon, eom, on, um	on
aou, ou	ou
eun, um, un	un

Les diphtongues sont un assemblage de deux ou trois voyelles, lesquelles forment un son composé, telles que ia, ian, iai, ien, oui, etc.

Ces diphtongues seront représentées en répétant les signes des voyelles, *exemple* :

N°. 5.

ie	ien	ian
ia	ié	iu
ian	io	ii
iai	iou	iun

On ne formera qu'un seul signe des diphtongues suivantes.

N.º 6.

ouo	ouai	oué	oi
ouen	oin	oui	ui

Il est aisé de voir que les caractères de ces diphtongues sont composés de ceux des voyelles ; *ouon*, par exemple, est formé de ces deux signes *ou* et *on*.

N°. 7. *Observations sur* oi *et* oin.

Les grammairiens ne sont pas d'accord sur la prononciation de *oi* ; quelques - uns lui donnent celle de *oa*, *oai* ; d'autres de *ouè*, *oua*, dans *loi*, *moi*, *soi*, *doigt*, etc.

J'ai d'abord été très-embarrassé pour peindre cette diphtongue, et j'avais adopté les signes de *ou a*, que je détachais pour l'exprimer ; mais, réfléchissant à la rapidité de sa prononciation et à sa fréquence dans le discours, j'ai cru devoir monogramatiser les deux signes, c'est-à-dire, n'en faire qu'un des deux dont je me servais, afin d'en former cette figure ɣ ,

en laissant à chacun la liberté de prononcer *oi* comme il le jugerait convenable.

Oin se prononce comme s'il y avait *ou* et *in* ; j'ai également réuni les deux signes pour n'en former qu'un seul, *ouin* ɞ dans *loin*, ɞ *moins*, ⳼ *point*, ⳼ *soin*. ɛ

J'ai aussi représenté par un seul caractère les diphtongues *ui* et *oui*, en raison de leur rapidité et de leur fréquence.

TROISIÈME LEÇON.

DES CONSONNES ET DOUBLES CONSONNES.

LE président Desbrosses, dans son traité du Mécanisme des langues, divise les consonnes ainsi qu'il suit.

Nº. 8.

Labiales		Linguales	
b	_	l	⌐
p	___	r	⌒
v	⌣	ll mouillées	⌐
f	⌐	n	⌤
m	⌣	gn	⌥

Dentales

d \
t \

Gutturales

g ⌐
c, k, q |

Palatules

j ⌐
ch (

Nazales

z /
s /

J'ai cru devoir suivre cette division pour la classification de mes signes, en attribuant à chaque espèce une forme déterminée; par exemple, les labiales sont représentées par une ligne horizontale, les dentales par une oblique de gauche à droite, les nazales par une oblique de droite à gauche, et ainsi des autres.

Mais la subdivision des consonnes en faibles et fortes, telles qu'elles sont classées dans la première leçon, m'a permis de répéter le même trait dans les sons analogues, tels que *b* et *p*, *v* et *f*, *n* et *gn*, *j* et *ch*; seulement la consonne forte est du double plus alongée ou plus élevée que la consonne faible, ce qui, en réduisant à moitié le nombre des caractéres, n'empêche cependant pas de reconnaître leur valeur, et de peindre sans équivoque les différens organes de la parole et les variétés de ces organes.

La prononciation des consonnes est toujours la même; le G, le C et l'S conservent leur son dur ou rude; s'ils s'adoucissaient, que le G prit la prononciation de l'J consonne, le C de l'S, et l'S du Z,

(37)

alors on ferait usage dans la tachygraphie, de l'J
consonne, de l'S et du Z.

On remarquera dans cet alphabet trois consonnes
qui se trouvent exprimées dans l'écriture vulgaire
par deux lettres, savoir : le *gn*, le *ch* et le *ll* ; les
deux premières sont les analogues rudes de l'*n* et de
l'*j* consonne ; la dernière est le *ll* mouillé, que je
désigne par le caractère de l'*l*, avec une rosette à
la tête, ou par un point, lorsque ce son se trouve
à la fin des mots.

L'X est composé de la tête du g que je réunis à
la partie supérieure de l'S pour en former *gs*, véritable prononciation de l'X

L'Y grec n'est point une consonne, mais un *ie*
mouillé faible, lequel est représenté par les deux
voyelles *i* et *e*.

Enfin je me sers du zéro pour signifier un *etc.*

Lorsque ces consonnes feront des syllabes muettes,
ou des mots, on se servira des caractères tachygraphiques qui les représentent.

Les monosyllabes suivantes sont figurées avec leurs
caractères.

me	te	ne
de	que	se
je	ce	le

Les autres consonnes faisant des syllabes muettes
au commencement, dans l'intérieur ou à la fin des

mots, seront également figurées par leurs signes tachygraphiques.

be	—	ge	⌐	gne	⌠
pe	—	che	⌠	ze	⌠
ve	—	re	⌢	ye	⊔
fe	—	lle	⌠		

Des doubles Consonnes.

Nº. 9.

La langue française est beaucoup moins surchargée de doubles et de triples consonnes que les idiômes étrangers ; l'R et l'L sont celles qui se joignent le plus fréquemment avec les autres lettres ; c'est pourquoi je me suis attaché à en rendre les ligatures aussi faciles que distinctes.

Les caractères des consonnes suffisent pour représenter celles qui sont doubles ou triples, sans être obligé d'inventer de nouveaux signes ; ainsi, dans *bl*, *pl*, *vl*, *fl*, *ml*, il suffira de placer le *b*, le *p*, le *v*, le *f*, le *m* à la partie supérieure de l'L ; l'angle qui se formera de cette réunion indiquera clairement leur valeur, et ces doubles lettres seront entièrement distinctes de *br*, *pr*, *vr*, *fr*, *mr*, où la ligne horizontale des labiales est réunie sur la base à la partie qui commence l'R.

Une liaison qui prend du corps intérieur de l'écricriture, et que l'on conduit jusqu'au sommet du C et du T, présente les doubles consonnes *sc*, *st*; pour *cl*, *gl*, *tl*, *chl*, on descend la partie supérieure du C, du G, du T et du Ch, jusqu'à la tête de l'L, tandis que dans *cr*, *gr*, *tr*, *chr*, ces mêmes lettres descendent jusques sur la base de la ligne intérieure où commence la tête de l'R. *Ct* et *pt* sont réunis par une boucle, pour donner à la réunion de ces deux lettres plus de rapidité.

D'après ces règles, qu'il est facile de saisir, je donne ici la forme déterminée de signes qui représentent les doubles consonnes.

bl	cl	vr	tr	st
pl	chl	fr	chr	str
vl	sl	mr	sr	sq
fl	tl	gr	lt	sp
ml	br	cr	ct	xt
gl	pr	dr	sp	

Toutes les fois que les doubles consonnes feront des syllabes muettes, on se servira des caractères ci-dessus réunis.

QUATRIÈME LEÇON.

DE LA RÉUNION DES VOYELLES AUX CONSONNES.

DANS la seconde leçon, j'ai indiqué comment les syllabes, ou les mots composés seulement de voyelles, pouvaient être représentés tachygraphiquement, et dans la troisième, de quelle manière les syllabes ou les mots composés de consonnes muettes pouvaient s'écrire.

Nous allons nous occuper des syllabes ou des mots formés de la réunion des consonnes avec les voyelles.

Règle générale; en terminant la consonne comme la voyelle, les deux sons se trouveront réunis.

La voyelle A est figurée dans sa partie inférieure par un petit arrondissement du côté gauche : terminez les consonnes, qui, lorsqu'elles sont muettes, le sont par une ligne droite, terminez-les, dis-je, par le même arrondissement du signe représentatif de A, et vous leur donnerez la prononciation de

ba	da	cha	gna
pa	ta	la	za
va	ga	ra	sa
fa	ca	lla	xa
ma	ja	na	ya

Si

Si vous bouclez ces mêmes consonnes comme la nazale *an*, vous leur donnerez le son de

ban	dan	chan	gnan
pan	tan	lan	zan
van	gan	ran	san
fan	can	llan	xan
man	jan	nan	yan

Si vous prolongez le caractère au dessous de la ligne du corps intérieur de l'écriture, vous donnerez aux consonnes le son de l'é fermé.

bé	dé	ché	gné
pé	té	lé	zé
vé	gué	ré	sé
fé	qué	llé	xé
mé	jé	né	yé

Si vous arrondissez du côté droit cette même ligne comme l'é ouvert, elles se prononceront

bai	dai	chai	gnai
pai	tai	lai	zai
vai	guai	rai	sai
fai	quai	llai	xai
mai	jai	nai	yai

On compte dans l'écriture tachygraphique, comme dans celle ordinaire, trois corps ; supérieur, intérieur et inférieur.

La base du corps intérieur et l'inférieur tout entier, sont destinés aux voyelles, excepté, pour l'intérieur, les labiales b, p, v, f, m, qui, en raison de leur trait horizontal, se trouvent sur la ligne.

L'intérieur, à l'exception de l'E muet, et le corps supérieur sont consacrés aux consonnes.

Ces trois corps sont très-précieux dans une tachygraphie ; ils permettent de multiplier les traits simples sans équivoques, et procurent tous les avantages qu'on en retire dans l'écriture ordinaire.

Toutes les syllabes composées de consonnes et de voyelles sont renfermées dans les deux tables suivantes. Voici l'arrangement de la première N°. 10.

Au côté gauche, sont rangées en ligne verticale, entre des lignes horizontales, les vingt consonnes de l'alphabet tachygraphique.

Les voyelles sont rangées au commencement en ligne horizontale, entre des lignes verticales.

Remarquez que chacun des signes très-distincts de l'intérieur de la table porte dans sa partie supérieure le caractère de la consonne, et dans sa partie inférieure la marque de la voyelle.

Pour mieux faire saisir cette réunion, chaque caractère est de deux couleurs, la consonne est en rouge et la voyelle en noir.

Ainsi on reconnaîtra dans la ligne qui correspond

au B, les syllabes be , ba , ban , bai, bin , bé, bi ; etc ,. à celle de l'L, le , la , lan , lai, lin ,. lé, etc. ; à la colonne de l'A , ba , pa , va , fa , etc. ; à celle de on , bon, pon, von, fon , etc. ; également des autres lignes et colonnes.

Les voyelles se réunissent aux doubles et triples consonnes, pour en former des syllabes, de la même manière qu'elles se joignent aux simples consonnes. L'explication de la première table servira pour la seconde , où les doubles consonnes sont en rouge , et les voyelles en noir.

Cette seconde table N°. 11 représente les syllabes ble, bla , blan , etc. ; cre , cra , cran , crin , crain , etc. ; ste , sta , stan , stai , stin , etc.

Toutes les fois que l'on voudra représenter tachy-graphiquement les syllabes qui constituent les mots et les phrases , on se servira des caractères de ces deux tables.

Je leur ai donné le nom de Dictionnaire tachy-graphique , parce qu'en effet toutes les syllabes des mots s'y trouvent indiquées de la manière la plus abrégée.

Il faudra les copier , non - seulement pour en bien saisir le mécanisme , mais encore pour acquérir l'habitude d'en tracer correctement les signes.

A proprement parler , toute la tachygraphie est renfermée dans les N°s. 10 et 11 , où tous les mots, sans exception , non - seulement de la langue française ,

mais encore de celles latine, italienne, anglaise, etc.,
se trouvent réunis ; seulement pour ces derniers
idiômes, il y aurait deux ou trois caractères à ajouter,
comme le th et le double w , addition facile à faire.

Pour former les tables suivantes , il suffit de
connaître les figures qui représentent les consonnes
et les voyelles , lesquelles ne demandent pas un grand
effort de mémoire, ni beaucoup de conception pour
en saisir les combinaisons.

CINQUIÈME LEÇON.

DES CONSONNES QUI SUIVENT LES VOYELLES.

LES consonnes se trouvent quelquefois placées à la suite des voyelles, et forment des syllabes détachées, comme

ab	ac	ad	al	ag
eb	ec	ed	el	eg
ib	ic	id	il	ig
ob	oc	od	ol	og
ub	uc	ud	ul	ug
oub	ouc	oud	oul	oug

Pour exprimer ces syllabes, je n'ai pas besoin de nouveaux signes ; il me suffit de placer, immédiatement après la voyelle, le caractère de la consonne. Exemple :

lac	cap	sep	succès
chatte	fade	patte	espérance
sec	géle	abcès	subside.

Ces syllabes, à proprement parler, en font plutôt deux qu'une, dont la dernière ne fait entendre qu'un son sourd ; leur prononciation est donc de plus longue durée que celle de ba, bé, bi, bo, bu, etc.

Dans les mots *accès*, *absent*, *aptitude*, *espérance*, on remarque dans la prononciation un intervalle sensible entre *ac* et *cès*, *ab* et *sent*, *ap* et *titude*, *es* et *pérance* ; la consonne qui se trouve après la voyelle se fait sentir très-briévement, à la vérité, comme s'il y avait *abecès*, *abesent*, *apetitude*, *esepérance*.

plus le son est composé, plus le tems qu'il faut pour le prononcer doit être long, plus on peut avoir le tems de l'écrire tachygraphiquement.

J'aurais pu attacher à ces sortes de syllabes des signes particuliers, mais, dans la formation de mon alphabet, j'avais épuisé les traits les plus simples ; j'aurais donc été obligé d'en prendre parmi ceux qui sont plus compliqués, ou qui ne se trouvaient point en concordance avec les mouvemens des doigts et de la main.

La simplicité des signes et la facilité des mouvemens devaient me servir de régulateurs.

Je sais qu'en combinant les caractères de manière que la voyelle se trouvât liée avec la consonne, soit devant ou après, j'aurais formé des mots de plusieurs syllabes d'un seul signe.

Mais ce signe eût souvent été très-long, très-compliqué, et par conséquent difficile à exécuter, pour peu qu'on aille vite.

Alors je serais tombé dans l'inconvénient très-grave

de rendre mon écriture monogramatique ; on se serait fatigué la vue à en disséquer les caractères , (et
la vue doit être comptée pour quelque chose dans
une tachygraphie) : l'habitude de tracer ces mono-
gramcs aurait été très-longue à acquérir ; trente à
quarante mille signes seraient nés de ce genre de
combinaison , et la main n'eût pu acquérir sur chacun
une habitude égale , parce que la plus grande partie
des mots revenant très - rarement , on aurait été
obligé de réfléchir , lorsque les occasions de les écrire
se seraient présentées.

Admettons le principe de lier tous les caractères
entr'eux ; comment le mettre à exécution sans
craindre de les confondre , sans avoir à redouter les
équivoques ? Il n'existe que deux lignes dans la
nature, la droite et la courbe ; je les ai combinées
dans tous les sens ; de ces combinaisons , j'ai obtenu ,
avec beaucoup de peine , de quoi completter mon
alphabet ; mais , tel effort que j'aie pu faire, je n'ai
jamais pu trouver trente-deux traits qui pussent se
lier indifféremment sans se dénaturer.

J'ai cherché dans les ligatures des Grecs , les notes
tyronniennes dont le recueil est de plus de 7,000 ;
dans les meilleurs ouvrages qui ont été publiés en
Angleterre sur la tachygraphie , dans plusieurs manuscrits qui se trouvent à la bibliothèque nationale,
d'anciens diplômes et chartres qui étaient déposés
à la bibliothèque St. Germain - des - Près , même
dans les alphabets des langues orientales , si je ne

trouverais pas les signes dont je pouvais avoir besoin.

C'est cette disette de traits simples et caractéristiques, qui a fait naître l'idée de supprimer dans les tachygraphies anglaises les voyelles.

En réfléchissant qu'on ne pouvait mettre trop d'exactitude dans la peinture de la parole, en considérant les équivoques qui pouvaient naître de la confusion des signes et de la suppression des voyelles, portant mes regards sur un avenir, et supposant que, dès qu'une bonne méthode d'écrire aussi vite qu'on parle aura été adoptée, l'on pourra s'en servir, non-seulement pour abréger les fastidieuses opérations de transcrire, mais encore pour la correspondance ; que dans les tribunaux elle pourrait utilement être employée pour prendre les interrogatoires des juges et les réponses des accusés, j'ai senti qu'une tachygraphie devait avoir une physionomie, telle qu'on en reconnût distinctement tous les traits.

Or l'écriture détachée m'a paru le mieux répondre à ces vues, comme étant moins sujette à la déformation.

J'ai rencontré des personnes qui écrivaient extraordinairement vite, en toutes lettres ; les unes liaient leur écriture, les autres la détachaient ; et j'ai observé que les écritures liées et mal écrites étaient plus indéchiffrables que celles mal écrites, qui n'étaient pas liées.

Il doit en être de même de celles tachygraphiques

C'est donc pour éviter tous ces inconvéniens, que
j'ai calculé mon écriture sur la durée de tems que
demandait chaque syllabe.

Ainsi j'ai attaché aux sons les plus rapides les
caractères les plus courts ; aux sons plus composés,
des signes plus longs. Enfin, j'ai fait une police
tachygraphique comme il en existe une pour les
lettres de l'imprimerie, afin de les classer en raison
de leur fréquence.

Règle générale ; toutes les fois que les consonnes
seront précédées d'une voyelle, j'écrirai cette dernière par le signe qui lui est propre, et les consonnes
par ceux qui les distinguent.

Dans ce cas, les consonnes g, k, ch, t, x, qui
se trouvent à la fin des mots *bague*, *sec*, *léche*,
botte, *axe*, étant placées au - dessus de l'intérieur
du corps de l'écriture, on supprimera ce dernier
corps. Exemple :

bague   léche   axe

sec   botte

Quant aux consonnes finales placées dans l'intérieur
de l'écritur , elles s'écriront entièrement. Exemple :

Inde   passe

âge   base

il

elle

L'R revenant souvent à la fin des syllabes, j'ai cru devoir distinguer cette consonne par un diminutif de son caractère, lequel est très-commode pour la liaison dans les mots suivans.

mer   ardeur   terre

cœur   sœur   faire.

SIXIÈME LEÇON.

DE LA LIGATURE DES SYLLABES ET DES MOTS.

Il ne faut pas conclure de ce qui a été dit dans la cinquième leçon, que je rejette la liaison des caractères ; au contraire, je l'admets toutes les fois qu'elle ne présentera point d'inconvénient ; seulement je n'ai pas cru devoir m'y assujettir rigoureusement, en faire le fondement le plus essentiel de cette méthode, et y rapporter toutes les combinaisons. Ainsi j'ai adopté comme une règle générale, que les caractères qui pourraient se lier les uns avec les autres, sans déformation, le seraient, et que ceux au contraire qui risqueraient de se trouver confondus par leurs ligatures, seraient détachés.

Les liaisons peuvent être immédiates, sans, ou

avec un trait insignifiant. Sans trait insignifiant dans ces mots

ami ل   sep ∕   familié   famine

constance   vigne   homme   pape

jeûnons   rape   femme   peuple

On voit que dans la réunion des signes il n'y a point de confusion.

Dans le mot *constance*, la liaison qui réunit la première syllabe avec la seconde, représente un s ; le même trait qui termine *tan* fait également un s, et comme aucune lettre inutile n'est employée dans la tachygraphie, que toutes doivent se prononcer, cette dernière syllabe, avec le trait qui la termine, doit se prononcer *stance*.

Il y a très-peu d'inconvéniens de regarder le trait oblique comme un s , ou comme une liaison qui n'a aucune signification ; cependant , pour ne pas confondre le mot *contant* avec *constant*, ce dernier ne sera pas lié.

constant   contant.

Quoique dans le mot *contant* la liaison ne soit pas marquée, elle n'en existe pas moins, seulement elle n'a pas été tracée sur le papier.

Ami, l'm prend immédiatement de l'a ل

Le p est réuni à l'e fermé dans le mot *sep* ∕

L'm à la base de l'os dans *homme*.

Lorsque le caractère ne pourra se lier immédiatement avec une autre consonne, la liaison sera insignifiante. Exemple :

ainsi   allité

dégré   rejet

Cette liaison insignifiante devient un s, comme nous l'avons dit dans les mots

destin   esquissé

estomac   histoire.

Le p peut se lier dans les mots suivans :

applaudissement   employer

applanir   épargne.

L'exercice ne tardera pas à faire reconnaître ce qui doit être lié de ce qui ne doit pas l'être ; dans le cahier qui se trouve à la fin, lequel est écrit en tachygraphie, on en trouvera des exemples.

Cette facilité de lier immédiatement, ou par un trait insignifiant, presque toutes les syllabes , et même les mots, donne à la tachygraphie un air de liberté et de rapidité que, jusqu'à présent, aucune méthode n'avait offert d'une manière plus heureuse et plus lisible.

Je le répète encore, je conseille d'adopter l'écriture détachée de préférence, comme plus lisible ; je parle d'après l'expérience ; plusieurs de mes élèves, sans lier leurs lettres, écrivent la rapidité de la parole ;

d'autres

d'autres qui les joignent écrivent également vîte ,
mais l'écriture des premiers est beaucoup plus
agréable à la vue , et plus facile à lire que celle
des seconds.

SEPTIÈME LEÇON.

DE L'ORTOGRAPHE.

L'ORTOGRAPHE dont nous allons nous occuper ne
change rien à la méthode ; on pourrait même , à la
rigueur , se passer de cette leçon , parce que , la tachygraphie n'admettant pas deux manières d'écrire le
même son , la bonne prononciation est le seul guide
qu'il faut suivre.

Mais ce système ne serait pas complet si les principes de cet art ne concordaient avec ceux de la
grammaire.

Beaucoup de mots semblent exiger , par rapport
à leur signification , d'être distingués , pour savoir
s'ils sont au singulier ou au pluriel.

Les voyelles sont tantôt longues , tantôt brèves.

Plusieurs mots s'écrivent de même , et ont un sens
différent , qui ayant la même prononciation , s'écri-
différemment.

Dans toutes ces différences grammaticales , quelques-unes doivent être distinguées , et d'autres aban-
vent données au sens du discours.

H

Mes recherches sur l'art d'écrire avec célérité m'ayant conduit à la connaissance du véritable alphabet de la langue française, j'en ai profité pour donner plus de conséquence à mon système. Les caractères de la tachygraphie n'ayant point de ressemblance avec ceux de l'écriture ordinaire, j'ai essayé de peindre le langage sans avoir recours aux règles de l'étymologie. Il me paraissait important de savoir si par la nouvelle méthode on ne confondrait pas des mots qui, articulés de la même manière, ont cependant un sens différent, et ne s'écrivent pas de même.

Toutes mes tentatives m'ont prouvé qu'il n'y avait point d'équivoque d'écrire comme on prononce, et que si on reconnaît, en entendant parler, le possessif *ses* du démonstratif *ces*, et ces deux pronoms de la première, seconde et troisième personne de l'infinitif *savoir*, *je sais*, *tu sais*, *il sait*, on pouvait également, dans la parole écrite, distinguer ces différens mots, quoique représentés par le même caractère.

C'est donc pour satisfaire les personnes qui font usage de la tachygraphie plutôt pour copier ou analyser des ouvrages que pour suivre les orateurs, que j'ai augmenté cette leçon de différentes règles dont on peut se passer.

Chaque mot doit être écrit purement, et tel qu'il se prononce isolément, sans avoir égard s'il commence par une voyelle, à la liaison qui se fait de cette voyelle à la consonne qui termine le mot précédent.

Le moment où je parle est déjà loin de moi.

Ce vers doit s'écrire ainsi, et non pas comme on l'a effectivement prononcé,

le momen toù je parle, etc.

C'est elle qu'il faut attaquer,

Et non pas

C'es telle qu'il fau tattaquer.

Je vous avertis que demain on ira vous entendre,

Et non pas

Je vou zavertis que demain non ira vou zentendre.

On compte deux espèces d'E muets, qu'il est essentiel de distinguer, *e* et *eu*; le second sera différencié du premier par un point sous le caractère. *Exemple*:

de   deux   que   qu'eux

fe   feu   ve   vœu

je   jeu   ce   ceux

Ce point en général désigne les voyelles longues, suivies d'un e muet, ainsi que les voyelles qui prennent l'accent grave ou circonflexe. *Exemple*:

être   ôter   vue   j'aie   où

suprême   flâmme   épée   tu aïes   succès

pâle   vie   aïe   là   procès.

Si le sens du discours ne déterminait pas assez les mots qui doivent être au plurier, alors on le désignera par le signe de l'S dans les substantifs.

Femmes, c'est à vous que je parle.

Ce caractère de l'S est nécessaire pour indiquer que l'on parle à plusieurs femmes ; si l'article précédait le substantif ce caractère serait superflu.

Les femmes à qui je parle.

La même règle aura lieu pour les adjectifs.

joli oiseau,   jolis oiseaux.

Les pronoms au plurier prennent le même signe.

il   ils   qu'elle   qu'elles

leur   leurs   quelque   quelques

elle   elles   celle   celles

qu'il   qu'ils   tel   tels.

On voit que la liaison qui représente l'S n'allonge aucunement le tems qu'on emploie à écrire ces mots.

Le plurier des verbes sera désigné par une virgule sous le caractère.

Mais on ne fera usage de cette virgule que lorsque

la prononciation ou le sens ne dénoteront pas clairement ce plurier ; ainsi, dans

avions)·j   eussions ꝏ(j

aurions)·y)   ayons (·y)

la marque du plurier est superflue.

Dans les mots suivans, elle est quelquefois nécessaire.

avait)·ℓ   avaient)·ℓ   donner)·(donnèrent)·ℓ·

eusse ꝏ′   eussent ꝏ′   finirait ꝰℓ   finiraient ꝰℓ

aye (ayent (·   donnerait)ℓ donneraient)ℓ

serait /(seraient /ℓ   finir ꝰ finirent ꝰ′

était)\   étaient)\   recevrait ℓℓ recevraient ℓℓ

fusse ꝯ′   fussent ꝯ′   rendrait ℓ rendraient. ℓ

Si les pronoms qui se trouvent devant les verbes portaient la marque du plurier, il serait superflu de l'ajouter aux verbes. *Exemple* :

il aimait (i ⎮ℓ   ils aimaient (i ⎮ℓ

elle était ji)\   elles étaient. ji)\

Les interjections seront désignées par un point sous le caractère. *Exemple* :

ah)   eh (oh)

ha)   he)   ho)

La lettre H n'étant point désignée dans mon alphabet, et n'étant, à proprement parler, qu'un caractère inutile, dont on se sert seulement pour indiquer que la voyelle qu'elle précède est aspirée, je marque cette aspiration par un point sous le signe de la voyelle. *Exemple* :

la hollande   la haîne

le hasard   le hainault

Les lettres qui ne se prononcent point seront supprimées. *Exemple* :

Il faut que vous soyez instruit, même avant tous,

Des grands desseins de Dieu, sur son peuple et sur vous.

Ces vers doivent s'écrire en tachygraphie, selon l'ortographe suivant.

Il fo que vous soyé instrui maime avan tou

dai gran desin dé Dieu sur son peuple et sur vou

La ponctuation sera la même que celle de l'écriture ordinaire, seulement on aura soin de l'espacer, pour qu'elle ne soit pas confondu avec les signes tachygraphiques.

Les principes grammaticaux sont, comme on le voit, réduits à un petit nombre de règles. Je n'ai pas besoin de répéter que lorsqu'on voudra écrire un orateur, on pourra supprimer tous ces points, qui pourraient retarder dans l'exécution, et qui peuvent d'ailleurs être suppléés par le sens du discours.

Avant de terminer cette leçon , je vais dire un mot sur la manière de distinguer en tachygraphie certains sons qui ont un sens différent et se prononcent de même.

O Eau, ces ses, ce se,
sont les mots qui demandent le plus d'être distingués.

O , sera différent de eau, en ajoutant une rosette à la base du caractère. *Exemple* :

Lo leau, do deau, sot sceau, mo maux.

Ses le sera de *ces* par une liaison à la tête du signe. *Exemple :*

ces ses

Se de *ce* par la même liaison. *Exemple* :

ce se

In de *aim* , en bouclant le caractère. *Exemple* :

la fin la faim.

Voilà à quoi se bornent les exceptions qu'on peut faire dans l'art d'écrire tachygraphiquement ; ces mots sont les seuls que j'aie rencontrés qui pouvaient présenter un autre sens. Comme dans les variations de signes j'ai eu la précaution de ne point altérer leur forme primitive ; il ne peut y avoir d'inconvénient de les employer. Cependant, dans les

exemples qui se trouvent à la fin de cet ouvrage ;
je n'ai point fait usage de ces exceptions; et si je
les ajoute ici, c'est que plusieurs de mes élèves y
ont attaché quelqu'importance.

HUITIÈME LEÇON.

N°. . DES ABRÉVIATIONS DONT ON PEUT FAIRE
USAGE DANS LA TACHYGRAPHIE.

NUL caractère nouveau, excepté le point, ne doit
être employé pour désigner une abréviation.

En général elles se réduisent, comme dans l'écriture ordinaire, à des suppressions de syllabes ;
une M peut signifier monsieur, madame, etc.; chacun peut s'en former à sa guise, suivant la science
qu'il cultive. Le jurisconsulte, pour les termes du
barreau, le physicien, le botaniste, le médecin, pour
ceux techniques de l'art ou de la science qu'ils
cultivent.

A l'exception de quelques-unes de ces suppressions que je donne ici, parce qu'elles n'ont pas l'inconvénient de dénaturer les expressions et de présenter des équivoques, j'engage ceux qui feront
usage de cette écriture, d'employer le moins possible les abréviations : j'ai la certitude qu'on peut

suivre

suivre un orateur sans y avoir recours. On ne peut se faire une idée de l'agilité de la main, surtout lorsque la mémoire n'est pas en défaut, et que tous les signes sont également présens à l'esprit.

Règle générale : le point à la suite du caractère indiquera le retranchement de *tre* et *dre*, dans

montre   mon.   tendre   ten.

entre   en.   cendre   cen.

Les adverbes qui finissent en *ment*, tels que *commencement*, *spontanément*, *extraordinairement*, *volontairement*, *cumulativement*, *implicitemeut*, *communément*, *arbitrairement*, etc., il suffira d'écrire les deux premières syllabes, et de placer à la suite do la dernière deux points. *Exemple* :

commen..   cummu..

sponta..   impli..

extra..   commu..

volon..   arbi..

L'L mouillée à la fin des mots se désignera par un point au dessus du caractère. *Exemple* :

fille   bail   abeille   maille

gentille   sérail   pille   raille

-*Même* sera représenté par le caractère de l'M au dessus du corps extérieur. *Exemple* :

I

| le même | de même | ceux même |
| la même | deux mêmes | les mêmes. |

On peut aussi, dans les finales des mots, supprimer une des doubles consonnes, comme dans aimable, oracle, rafle, règle, etc., qu'on écrira comme s'il y avait

| aimab | raf |
| orac | règ. |

CONCLUSION.

CES huit leçons présentent, dans le plus grand détail, tout ce qu'il importe de savoir pour faire usage de la tachygraphie ; j'ai cherché à me rendre clair ; je me suis souvent répété, et j'ai multiplié les exemples pour me rendre encore plus intelligible. Ceux qui connaissent déja cet art, trouveront peut-être superflues les explications que j'ai données ; mais autre chose est de savoir et d'apprendre ; les leçons écrites ne sont jamais aussi faciles à entendre que celles données de vive voix. Une demi - page d'impression aurait suffi pour les développemens, si j'avais pu expliquer ce *faire*, qu'aucune expression ne peut rendre.

Cet ouvrage est le fruit de trente ans de recherches, d'observations et d'expériences. Heureux si, après avoir atteint le degré de perfection que j'ai toujours cherché, le résultat de mes travaux peut présenter quelqu'utilité à mes concitoyens.

F I N.

SÉMIOGRAPHIE,

ou

NOUVEAU SYSTÈME D'ABBREVIATIONS

EXTRÉMEMENT RAPIDE;

Par JEAN FÉLICITÉ COULON-THÉVENOT.

CETTE méthode fut composée en 1782 ; comme elle ne me présentait qu'un moyen d'abréger l'écriture ordinaire en supprimant à-peu-près les deux tiers des lettres, et qu'elle ne remplissait pas entièrement le but que je m'étais proposé d'écrire aussi vîte qu'on parle, je m'étais seulement contenté de la faire connaître à quelques amateurs.

M. Millanais, alors avocat du roi au baillage de Lyon, et depuis membre de l'assemblée constituante, fut le premier à qui j'en donnais communication ; des observations qu'il me fit sur la tachygraphie, dont les signes ne pouvaient jamais être aussi présents à l'esprit lorsqu'on les apprenait à un certain âge, que ceux de l'écriture ordinaire, auxquels on était habitué dans son enfance, donnèrent naissance à ce système d'écriture : il le trouva si simple et si facile qu'il voulut le mettre en pratique; il s'y est exercé pendant trois semaines, et lorsque je quittais Lyon, il copiait par heure 17 à 18 pages d'un in-8°, de 34 lignes.

Cette méthode est réellement très-facile, comme on a déjà une habitude acquise, celle des lettres ordinaires, il ne faut apprendre que des positions, et cet apprentissage demande tout au plus trois ou quatre heures.

Si au lieu des lettres ordinaires on fait usage de signes plus simples, tels que ceux de la tachygraphie, alors ces signes supprimant la moitié des mouvemens, lui donneront une plus grande rapidité.

Les personnes qui écrivent beaucoup y trouveront une grande économie de tems : on peut s'en servir pour écrire sous la dictée, ce qui permettrait à un secrétaire de faire le triple de travail, sans faire attendre sensiblement celui qui compose ; on pourrait même suivre quelqu'un qui parlerait posément et certains morceaux de déclamation.

Deux sémiographes, en se partageant les phrases d'un discours, pourraient le copier tout entier.

Tels sont les principaux avantages de ce genre d'écrire, d'autant plus attrayant qu'il n'y a qu'une seule règle à retenir et point de sigues à apprendre ; mais ils se bornent absolument là.

Cependant, en comparant cette sémiographie avec les autres méthodes qui offrent la certitude d'écrire aussi vite qu'on parle, on pourrait croire qu'au moyen d'une réduction dans les mouvemens qu'exigent les signes, on parviendrait au même résultat; j'en étais d'abord persuadé, mais des observations me firent revenir de cette erreur.

M. Millanais qui le premier s'en occupa avec moi, écrivait très-vite; en quatre ou cinq jours il avait acquis l'habitude des transpositions de lignes; et cette célérité me faisait présumer qu'il ne tarderait pas à suivre la parole : eh bien, il est resté constamment au même degré; cependant rien ne l'arrêtait dans sa marche, présence de signe, habitude de les tracer.

Je m'exerçais moi-même, au lieu de lettres ordinaires j'employais des caractères tachygraphiques, qui réduisait de moitié le nombre des mouvemens; mais jamais je n'ai pu aller au delà de vingt-cinq à vingt-six pages par heure.

Ce n'est ni la grande sujettion du papier rayé, ni la grande consommation qu'on en peut faire (une ligne en demandant cinq) qui me firent abandonner cette méthode; ces désavantages devenaient nuls et auraient été bien compensés par un moyen très-simple de suivre l'orateur, c'est parce que je reconnus que les transpositions perpétuelles en devaient retarder la marche.

Dans le développement de la tachygraphie on a vu que j'avais établi pour principe, que la main pouvait faire autant de caractères que de syllabes, et que les signes pouvaient être détachés.

Mais dans la tachygraphie, tous les caractères sont sur la même ligne, leur hauteur et longueur ne dépassent pas l'étendue des mouvemens fléchisseurs et extenseurs du pouce et de l'index ; la main repose sur un point d'appui les doigts annullaires et auriculaires : jamais on n'est obligé de la lever, conséquemment il n'y a point d'interruption, et la liaison d'un signe à un autre n'en subsiste pas moins, quand même elle n'aurait pas été tracée sur le papier.

Cette stabilité de la main, ce centre de gravité d'où partent tous les mouvemens, la rend maîtresse d'elle-même : les yeux ne sont point fatigués; on peut continuer d'écrire en les fermant sans craindre de se tromper.

Au lieu que sur un papier rayé, la main changeant presque toujours de position à chaque syllabe, a besoin de s'assurer d'un point d'appui avant de tracer le signe; les yeux sont obligés de chercher la ligne où il doit être placé; il en résulte un mouvement très-compliqué, une interruption et une hésitation continuelle qui ne se trouvent pas dans la voix.

Toutes ces observations confirmées par l'expérience m'ont fait conclure que les moyens les plus simples n'étaient pas toujours les plus expéditifs, et je regrettais beaucoup qu'une méthode dont l'exécution présentait si peu de difficultés, ne pût s'adapter à une tachygraphie; dès-lors je la rangeai dans la classe des simples abbréviations, qu'on peut apprendre à tout âge, et dont on peut retirer quelqu'utilité par la grande économie de tems qu'elles procurent; c'est ce dernier motif qui me détermine à publier cette sémiographie.

C'est en 1782 que je l'ai composée; en l'an six j'en fis annoncer des leçons dans le feuilleton du Journal de Paris : je la donne sans aucun changement; peut-être lui trouvera-t-on un air de ressemblance avec l'okygraphie, publiée en l'an 9 : n'attachant aucune prétention à cette invention, je me borne à l'indication de ces dattes.

Principes de la Sémiographie.

On se servira d'un papier de musique composé de cinq lignes.
Chaque ligne et chaque intervalle de ligne auront la valeur d'une voyelle.
Les cinq lignes présentent onze positions à partir au dessous de la première en bas, jusqu'au dessus de la cinquième.
Les voyelles seront classées comme il suit :

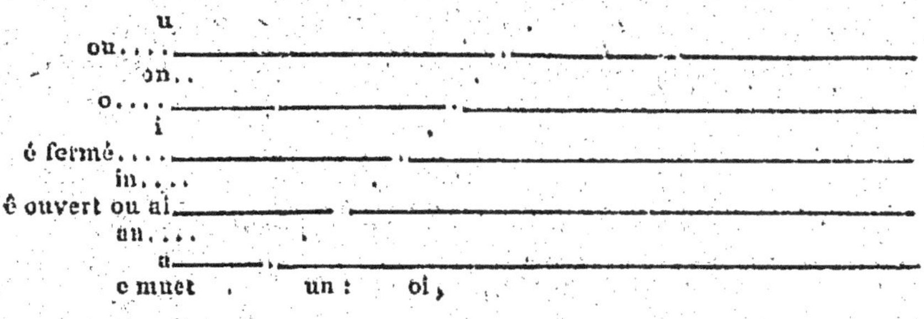

```
                    u
          ou.... ______________________________________________
                 on..
            o.... _____________ ___________________________________
                 i
    é fermé.... ______________ _______________________________
                in....
é ouvert ou ai______ _____________________________________
                an....
             a_______ ,_______ ______________________________
          e muet   .   un :   oi ,
```

Toutes ces voyelles seront exprimées lorsqu'elles feront des syllabes détachées, ou lorsqu'elles précéderont les consonnes par un point.
La Nazale *un* sera désigné par deux points.
Le son de *oi* par une virgule.
Lorsque les consonnes précéderont les voyelles, on se servira des lettres de l'écriture ordinaire.
Ainsi un *e* placé sur la première ligne signifiera *ea*, entre la première et seconde *can*, sur la troisième *cai*, et ainsi de suite, *can dan*, etc. s'écriront par un *c* et un *d* au dessous de la première ligne avec deux points.
Loi, moi, toi, etc. par un *l*, un *m*; et un *t* avec une virgule, au dessous de la première ligne.
Les doubles consonnes, *bl, pl, fl, vl*, etc. ne seront jamais séparées; ainsi *blou* s'écrira sur la cinquième ligne par un *bl*.
L'ortographe doit être conforme à la prononciation, voyez à ce sujet la septième leçon tachygraphique.
La lettre *r* étant souvent final dans les mots *cœur, ardeur, valeur*, etc., on l'exprimera par un trait d'union à la suite de la première lettre *c- a- d- v- l-*
Tous les principes de la sémiographie se réduisent à ce petit nombre de règles, comme il est facile d'en juger par l'exemple suivant, lequel contient le premier paragraphe de ma préface, page 4. *Le rapport des commissaires de l'académie des sciences de Paris, année 1787, fait connaître*, etc, etc.

1787